AF416352

DEDICATÓRIA

Dedico este trabalho à memória de minha mãe CARLOTA LUIZA FERREIRA, meu pai JOSÉ FERREIRA DA SILVA, e meu irmão JOSÉ CARLOS FERREIRA.

PALAVRAS DO AUTOR

O Autor com este trabalho tem a singela pretensão de diminuir as intangíveis diferenças entre Clientes, Advogados, Corretores, Engenheiros, Arquitetos, Peritos, Despachantes Documentalistas e Imobiliários, Fiscais, Escreventes, Examinadores, enfim todo aquele que lida com imóveis, quer primeira compra, licença de construção, legalização de obras, transmissão de domínio, etc, onde nem sempre o que é dito, é compreendido, onde a burocratização e o excesso de zelo, a exigência da legislação, por menor ou maior que seja a contribuição dos profissionais envolvidos, termina dificultando o que pareceria simples, mas não é para quem desconhece os percalços administrativos ou judiciários, e redunda numa pretensão resistida, num conflito de interesses, e até frustração para quem não alcançou seus objetivos.

Não existe qualquer pretensão em exaurir o tema, cuja própria amplitude não permitiria, mas apenas abrir um canal de comunicação para todo aquele que necessitar de parceria e colaboração, possa encontrar mais um amigo, alguém para compartilhar suas dúvidas, trocar informações, sugestões, indicações, para que o fim almejado seja alcançado.

A Bíblia nos diz: "Conhecereis a Verdade e a Verdade vos libertará", e que "Jesus é o Caminho, a Verdade e a Vida". Para o meu humilde entendimento, somente o conhecimento é capaz de desvendar e superar qualquer dificuldade e adversidade. Por isto quero compartilhar o que DEUS me proporcionou aprender, e fora desta linha de conduta, o que eu vejo é o desencontro de opiniões, a insatisfação, aborrecimento e um

desgaste desproporcional.
Para mudar isto basta boa vontade, comunicação
clara e objetiva, compreensão de ambas as partes,
e um propósito sincero de lidar com o semelhante,
como cada um gostaria de estar sendo tratado.
Fica aqui meu grande abraço fraternal
Nelson Roberto Ferreira

Se você é Corretor de Imóveis, Técnico em Transações
Imobiliárias, Despachante Documentalista, Despachante
Imobiliário, Escrevente de Cartório de Notas, Técnico do
Judiciário, Examinador de Serviço Registral de Imóveis,
Engenheiro Civil, Advogado, Construtor, Incorporador,
Adquirente ou pretende Legalizar seu Imóvel

SAIBA TUDO SOBRE LEGALIZAÇÃO DE IMÓVEIS
Para o Cidadão comum, juridicamente denominado Leigo,
olhar um Terreno, uma Casa ou um Prédio significa estar
olhando simplesmente aquilo que vê. Entretanto, para um
Operador do Direito, em especial, um profissional da área de
Direito Imobiliário significa observar o que há de mais
complexo em termos de Institutos do Direito, ou seja, uma
série de Dispositivos Legais criados para ordenar e disciplinar
determinada área do Direito, o que significa trazer para o
mundo Jurídico, aquilo que existe apenas no mundo fático.
Assim vejamos:

1) O mesmo imóvel tem uma representação para o
   Município (página 2), outra para o Estado (página 5) e
   outra para a União (página 8), em razão de sua
   destinação, e sobre ele incidem Direitos Reais e
   Obrigacionais.

2) O Logradouro Público pode ter se originado de uma Rua
   Projetada de um Loteamento, de uma Servidão de
   Passagem, ou resultado de um PAA – Projeto de
   Alinhamento aprovado pela Prefeitura, ter sido
   nominado pela Câmara de Vereadores, e ter suas
   características descritas pelo Setor de Termos da
   Prefeitura, cuja Certidão é averbada no competente
   RGI (página 7)

3) O Lote de Terreno pode ser de um Loteamento
   clandestino e irregular, pode ser em Área de Especial
   Interesse Social, pode ser resultante do Parcelamento
   em Glebas de uma Maior Porção, pode ser resultante

de um PAL – Projeto de Alinhamento e Loteamento
aprovado pela Prefeitura, e posteriormente registrado
no competente RGI; pode ser em Área de Prioridade
Residencial, Comercial, Industrial, de Reserva
Ambiental, e ainda pode estar localizado em Área
Urbana ou Rural (página 7).
4) Um Prédio pode ser Residencial, Comercial, Industrial,
Misto ou Assistencial (Escolar, inclusive Campus
Universitário, Hospitalar, etc.) (página 7)
Vejamos agora a forma de operacionalizar este Direito:

Como o Município processa este Direito:
O art. 30, VIII da CRFB88 – Carta Magna ou Constituição da
República Federativa do Brasil determina que o
Parcelamento do Solo é atribuição do Município e para isto
ele cria o Plano Diretor, o Código de Obras e Posturas
Municipais, o Regulamento de Zoneamento, o Código
Tributário Municipal, os DLF/SMU e DLF/SMF - Distritos de
Licenciamento e Fiscalização da Secretaria Municipal de
Urbanismo e de Fazenda, ou simplesmente da Secretaria
de Obras e de Planejamento.
Desta forma, se uma pessoa deseja que seu Imóvel tenha
determinado fim social, terá de obter a Análise Prévia para
saber o que é Permitido, Tolerado, ou Proibido para aquele
Local. Terá de identificar o que é para uso exclusivo de
determinada atividade ou que possa ser compartilhado. E
isto é feito inicialmente com a Busca Prévia no DLF/SMF e
posteriormente com a CI de informações do DLF/SMU, que
contêm a Legislação pertinente ao Local do Imóvel.
1.1)   O Prédio que se prestar para Atividade
        Comercial terá de se originar de uma Licença de
        Obras, que requer um DARM – Documento de
        Arrecadação Municipal (inicial da obra e
        posteriormente um complementar), uma Planta de
        Situação com o Quadro de Áreas contendo: ATT –

Área Total do Terreno, ATC – Área Total Construída, IAT – Índice de Aproveitamento do terreno, Taxa de Ocupação, Área Livre, Área Permeável, Número de Pavimentos, Planta esta que indica a posição do imóvel em relação ao Logradouro Público, Confrontantes e Confinantes, o raio e curva de concordância com a Rua adjacente à esquerda e a direita, caixa central ou de rolamento da Rua, calçadas, recuos, investiduras e afastamentos, prisma de ventilação e iluminação conforme o caso, subordinado ao Projeto de Alinhamento e Loteamento aprovado pela Prefeitura; Planta Baixa com detalhamento dos compartimentos internos, uma cópia da Planta Cadastral ou Aerofotogramétrica assinalando o local do imóvel, Planta de Exaustão Mecânica ou Forçada se houver, uma Planta de Cortes AA,BB, que é a Planta de Engenharia, que simula um corte para demonstrar detalhes, Planta de Fachada e Telhado, CDA/CDE – Certidão da Concessionária de Abastecimento d'água e esgotamento sanitário com análise prévia de atendimento para o local, e posteriormente os respectivos Projetos aprovados pela Concessionária, inclusive quanto ao fornecimento de gás, e ainda Aprovação de Bombeiros, tudo isto acompanhado do ART/CREA ou CAU – que é Anotação de Responsabilidade Técnica do Profissional Responsável pelo Projeto e pela Obra perante o Órgão de Classe - Conselho Regional de Engenharia ou Arquitetura, quer Engenheiro Civil, quer Arquiteto.

1.2)   O Prédio que se prestar para Atividade Residencial ou Mista, se tiver até 04 (quatro) pavimentos, os Projetos relacionados no item 1.2, poderão ser assinados por Arquiteto. Acima de 04 (

quatro) pavimentos os Projetos serão assinados por Engenheiro Civil, e às exigências de Projetos já relacionados, acrescenta-se Cálculo Estrutural, Projeto de Elevadores, PC ou Instalação elétrica, inclusive Telefonia, Internet roteada e TV a cabo, ou ainda Projetos para dirimir dúvidas e atender exigências específicas, tais como: Geotecnia e/ou Mecânica de Solo, Contenção de Encostas, Retificação de Cursos d'Água, Estacas, FCK do Concreto, Formas e Armaduras para Concreto, Sapatas, Alicerce, Colunas, Vigas, Lajes, e exigências eventuais, que possam ocorrer em razão da tipologia do terreno.

1.3)   O Prédio que se prestar para Atividade Industrial e Assistencial, além das exigências já relacionadas, acrescenta-se Projeto de Logística ou movimentação de Carga/Mercadorias: Recebimento/Descarga, Estoque/Almoxarifado (em especial, com relação a inflamáveis, explosivos e corrosivos) e Expedição. Detalhes de Produção e Esteiras Rolantes, tratamento de efluentes industriais, se houver.

1.4)   Ao Estado compete identificar quem é o Titular de Direito sobre a Posse e a Propriedade, e precisamos distinguir estes dois Institutos do Direito, que se decompõem:

A) Posse Nova de até um ano e Posse Velha a partir de um ano e dia.

B)   Posse Mansa e Pacífica com animus domini (ânimo de possuidor) e ad usucapione (pretensão de usucapir e dispor do bem), sem esbulho ou turbação (sem ingresso de terceiro e nem reivindicado por terceiro interessado)

C)   Posse Direta (quem faticamente está na posse do imóvel)

D)   Posse indireta (quem administrativamente,

virtualmente ou indiretamente detêm tal Direito)

E) 	Existe ainda a Detenção Provisória, que é aquela cuja pessoa que está na posse, poderá ser em nome de terceiro, ou sabedor que a propriedade pertence a terceiro, ou enquanto terceiro não reivindica a posse ou propriedade.

F) 	Quanto a Propriedade pode ser Nua Propriedade ou Plena Propriedade.

G) 	A Nua Propriedade permite usar em benefício próprio, gozar ou usufruir, ou seja, alugar a quem aprouver e receber alugueres, frutos ou rendimentos. Ceder em Comodato oneroso ou não oneroso; entretanto não poderá dispor, ou seja, vender, prometer, ceder a plena propriedade porque só tem parte do Direito.

H) 	Quem tem a Plena Propriedade pode usar, gozar e usufruir ou dispor e ainda reivindicar de quem ilegalmente estiver se apropriando.

I) 	Quem tem a Plena Propriedade pode reservar para si mesmo o Usufruto, ou instituir para terceiro.

J) 	Incidem sobre a Propriedade, Direitos Reais e se ela é vista como um inteiro, ou seja, 1/1. Qualquer fração ideal decomposta deste inteiro, por exemplo: ½, ¼, 1/8, 1/16, etc, ou ainda 100% decomposto em 10%, 20%, 40%, 80%, pode ser alienado para terceiro.

K) 	Incidem sobre a Propriedade, Direitos Obrigacionais, tais como:
IPTU – Imposto Predial e Territorial Urbano
ITBI – Imposto de Transmissão de Bens Imóveis Intervivos,
Imposto sobre Carta de Arrematação e de Adjudicação.
DARJ/ITD – Imposto Causa Mortis, devido na Sucessão/Herança, na Antecipação de Legítima dos pais para os filhos ou sucessores, na Separação/Divórcio de casais, na Extinção de União Estável, na Doação de Bens.
ISS- Imposto sobre Serviços na Construção Civil.

CND/INSS – Certidão que não constam Débitos Previdenciários.
Taxas e Emolumentos para Registros, Averbações e Certidões.
Laudêmio e Foro de Imóvel foreiro ao Município, Estado e União, Famílias e Igreja Católica.
CAT – Certidão de Alteração de Titularidade.

Como o Estado processa este Direito:

Aos Cartórios de Notas compete lavrar Escrituras de Compra e Venda (obrigatória sempre que a transação for superior a trinta salários mínimos e somente há redução no valor dos emolumentos para registro, quando tratar-se do primeiro domicílio do casal. Só é possível Escritura Definitiva quando o Transmitente for titular do domínio e registro obrigatório para dar publicidade ao ato), Promessa de Compra e Venda, Cessão de Direito Aquisitivo, Promessa de Cessão de Direito Aquisitivo, Cessão de Direito de Posse, Declaratória de Posse, Permuta, Testamento(ato exclusivo do Tabelião e não de Escrevente), Pacto Ante-Nupcial, Escritura de Inventário Extra Judicial e Partilha de Bens com Advogado Assistente(desde que não haja Testamento, Menores ou Interditados), Escritura para Usucapião Extra Judicial, ou Ata Notarial, desde que não haja oposição de confrontantes, confinantes, ou mesmo de terceiros interessados (apesar de implantado por Lei, no presente, ainda ocorre muita resistência contra o Usucapião Extra Judicial). As Escrituras de Cessão de Direitos Hereditários foram proibidas pelo Código Civil 2002 e Portaria da Corregedoria de Justiça, que só podem ser lavradas mediante Alvará Judicial, o que implica em pagamento do DARJ/ITD, além do próprio ITBI.

Nas Escrituras Públicas ou por Instrumento Particular deve constar obrigatoriamente:

a) Qualificação completa dos Contratantes e respectivos cônjuges, se houver, com Nome completo sem abreviar, nacionalidade, estado civil, profissão, número RG - Carteira de Identidade, Órgão e data de expedição, número do CPF/MF, endereço residencial e comercial com CEP e Tel. p/contato. Nas Notas do Cartório, em caso de Escritura Pública se arquivam cópias da documentação dos Contratantes,

b) Descrição integral da Certidão de Ônus Reais, Inteiro Teor ou Histórica, quanto as medidas, características, confrontantes e confinante, citando qual foi o RGI responsável pela Transcrição ou Matrícula, número da Matrícula ou dados da Transcrição, tais como: Livro e Folhas.

c) Forma de Aquisição do bem por quem está fazendo a transmissão de domínio, tais como, qual foi o Cartório que lavrou Escritura, Livro, Folhas, Ato e Data da Lavratura.

d) Descrição Integral do Alvará Judicial no caso de venda em nome de Espólio ou Interditado.

e) Descrição Integral da CAT – Certidão de Autorização de Transferência no caso de Imóvel Foreiro ao Município, Estado, União, Famílias, Curia Metropolitana ou Igreja Católica, com respectivo pagamento do Laudêmio e Foro.

f) Descrição Integral do recolhimento iTBI, devido na transação em relação ao valor de mercado, atribuído pela municipalidade ou em relação ao valor declarado quando superior ao atribuído pela municipalidade e nunca em relação ao valor venal do imóvel.

g) Descrição de Procuração por Instrumento Público

quando houver.

h) Na Escritura Pública, além das assinaturas das partes Contratantes, deverá constar Assinatura do Escrevente e do Tabelião, sendo dispensável assinatura de Testemunhas, consoante portaria da Corregedoria. Entretanto, se tratando de Escritura por Instrumento Particular, a assinatura das partes Contratante deverá ser reconhecida por Autenticidade, além de assinatura do Advogado Assistente e é obrigatório assinatura de no mínimo duas testemunhas qualificadas pelo número de RG e CPF/MF com as firmas reconhecidas.

Engenheiros Civis e Advogados Imobiliários podem lavrar de forma autônoma:

Memorial de Incorporação para Loteamentos e Edificações – descreve medidas, características, confrontações.

Memorial de Topografia – descreve medições de longa distância com georeferenciamento, detalhamento de acidentes geográficos e curvas de nível.

Memorial de Planimetria – descreve medições de curtas e longas distâncias no mesmo plano.

Convenção de Condomínio e Regulamento Interno – dispõe sobre unidades autônomas residenciais e comerciais; áreas comuns inalienáveis, impenhoráveis e incomunicáveis, porém agregadas à fração ideal do terreno de cada unidade para fins de rateio de despesas. É obrigatório registrar a Minuta da Convenção de Condomínio por ocasião de início das obras de construção de um prédio, e a fração ideal do terreno descrita para cada unidade autônoma gera um Direito Real. A Convenção definitiva obrigatoriamente deverá ser assinada por todos os condôminos (observando-se que Locatário tem direito de participar de assembléias, mas não o direito de modificar Cláusulas e nem Direito Real, o que depende de unanimidade de todos os Condôminos)

Contratos diversos e Comodatos.

Aos Cartórios de Registro de Imóveis compete:
Com base na Lei de Registros Públicos nº 6015/73 e
alterações, tais como: nº 6064/74, nº 6216/75, nº 6688/79,
6724/79, entre outros até a Lei nº 10.931/2004, registrar as
Escrituras Públicas lavradas por Cartórios de Notas ou
Instrumentos com força de Escritura Pública lavrados por
Instituições Financeiras, devidamente autorizado por Órgãos
Governamentais, com exceção de Escrituras com valor da
transação inferior a trinta salários mínimos, pois estas são
registradas em Cartórios de Títulos e Documentos, e neste
também se registra a Escritura de Cessão de Posse. Não há
obrigatoriedade para registro de Comodato, porém há
obrigatoriedade de Averbação da Construção (Habite-se e
Projetos Aprovados) e Instituição de Condomínio, quando for o
caso, por exemplo: mais de uma construção no mesmo
terreno, quando são identificadas as área de uso exclusivo e
de uso comum, área livre e permeável, projeção da área
construída sobre o terreno, entre outros detalhamentos.
Registrar ou assentar Hipotecas, Penhoras, Indisponibilidade
de bens e demais gravames, informações do Setor de Termos
da Prefeitura referentes á PAA – Projeto de Alinhamento
Aprovado pela Prefeitura, ou seja, Logradouros Públicos, PAL –
Projeto de Alinhamento e Loteamento Aprovado pela
Prefeitura, ou seja, parcelamentos de terrenos ou lotes de
terrenos, bem como Certidões de Habite-se e Projetos
Aprovados pelo Distrito de Licenciamento e Fiscalização da
Secretaria Municipal de Urbanismo, assim como, as Inscrições
Municipais e Territoriais fornecidas pela Secretaria Municipal
de Fazenda.
De forma que ao ser fornecida a Certidão de Ônus Reais,
Histórica, Inteiro Teor, entre outras, além da seqüência
dominial (todos os Titulares de Domínio até a transferência de
domínio que está ocorrendo pelo registro de título de
propriedade), bem como medidas, características e

confrontações, sejam também apresentados todos os eventos administrativos e judiciais, pelos quais o imóvel tenha passado, tais como: Instituição ou Baixa de Hipoteca, Penhora, Arrematação em Leilão, Adjudicação Compulsória ou por Arrolamento, Usucapião, Usufruto, etc.

O Estado tem ainda os seguintes mecanismos:
 RCPN – Registro Civil de Pessoas Naturais - para registro de nascimento, casamento, divórcio, óbito.
 Registro Civil de Pessoas jurídicas - para registro de Condomínios, Jornais/Mídia Impressa, Firmas Individuais.
Junta Comercial - para registro de Sociedade Anônima, Limitada, Empreendedor, Comandita Simples, Por Conta de Participação, entre outras formas contratuais admitidas pelo Código Civil Brasileiro.
Cartórios de Títulos e Documentos - para Notificações Extra Judiciais e registro de todo documento que se queira dar publicidade e conservar para posteridade. Diverge da publicidade levada a efeito através de Diário Oficial por determinação Judicial ou por iniciativa das partes.
Cartório de Distribuição – aponta todos os gravames, quer em Nome próprio, de Espólio, ou de Imóvel; citando-se Hipoteca, Protestos, Penhoras, Execuções Fiscais, etc. O mesmo imóvel pode ser dado em garantia de dívida em Hipoteca de 1º, 2º e 3º grau, ou seja, mais de uma vez ser Garantidor de determinada obrigação. Pode ser lavrada Escritura de Compra e Venda de imóvel penhorado, desde que o adquirente tenha ciência e não se oponha quanto a Penhora, que certamente constará das Certidões do imóvel. Sabedor, que no caso de Execução Fiscal, terá o imóvel retomado, com exceção se houver outra forma de garantir o débito e adimplir a obrigação.

Como a União processa este Direito:

A) Através do INCRA e Receita Federal identifica, delimita e cadastra o que é Terreno Rural. Por intermédio da Declaração Anual de cada Titular de Domínio sobre determinado Lote, Gleba ou Maior Porção cobrar o ITR - Imposto Territorial Rural.

B) Estabelece Legislação Específica sobre o que pode ser desapropriado a bem do Interesse Público, acima do Particular e regras para o devido Processo Legal de Desapropriação.

C) Define regras sobre o que é Bem Publico, impossível usucapir, quer seja imóvel municipal, estadual ou federal.

D) Define quais terrenos estão sob jurisdição das Forças Armadas: Exército, Marinha e Aeronáutica.

E) Através da SPU – Secretaria do Patrimônio da União define quais terrenos são Foreiros à União. Estabelece regras para alienação e sucessão de imóveis foreiros e emissão da CAT – Certidão de Autorização de Transferência de Titularidade obrigatório constar nas Escrituras para transferência de domínio para terceiros. Sendo que não há incidência de cobrança de Laudêmio na sucessão de Pais para Filhos, exceto cobrança de Foro, entretanto, em conformidade com art.206§3,II,do CCB ocorre em 03(três)anos a Prescrição pela não cobrança de Foro. Lembrando que terrenos foreiros tiveram início nas Cartas de Donataria do Brasil - Império e existem até presente data.

F) Define política de ocupação de terrenos no entorno de baía, enseada, etc, em especial ao que se presta para construção e reparo naval, portos, etc.

G) Define regras para Reserva Legal quando ocorre parcelamento de terras em fazendas, chácaras, etc.

H) Define e cobra pela CND – Certidão que Não Consta

Débito perante INSS quanto encargos previdenciários de empregados contratados para execução de determinada obra. Esta Certidão antes emitida pelo INSS e depois pela Receita Federal era exigida por ocasião da averbação da construção perante o Serviço Registral de Imóveis, entretanto esta exigibilidade encontra-se suspensa, cabendo ao próprio Órgão estatal exercer tal controle.

2) Via Pública ou Logradouro Público
Cada arruamento está subordinado a um PAA - Projeto de Alinhamento aprovado pela Prefeitura. Existe um Setor de Termos para certificar onde começa e termina determinada Rua; sua caixa central ou de rolamento, via de regra de 09(nove) metros e 12(doze) metros de largura, conforme Regulamento de Zoneamento, excetuando vias internas em vilas e em determinados loteamentos.
O PAA define recuo, investidura, calçadas, caixa de rolamento, etc
As Ruas são nomeadas por Decreto Municipal e catalogadas através de Zoneamento.
Existe um Setor Cadastral ou Aerofotogramétrico que identifica todos os logradouros pelo Zoneamento, Bairro ou Região Administrativa.
Existe um Código de Obras que é uma coletânea de toda Legislação para regulamentar Parcelamento de Terreno ou Loteamentos e Edificações de acordo com Zoneamento, Bairro ou Região Administrativa estabelecendo o número máximo de pavimentos permitidos, IAT – Índice de Aproveitamento do Terreno, taxa de ocupação, quando o imóvel pode ou não ser colado nas divisas; afastamento frontal, lateral e dos fundos, área permeável, entre outras especificações.
Antes de se adquirir um terreno para determinado objetivo é de vital importância obter a CI de informações no DLF/SMU e pesquisar no Código de Obras a Legislação

pertinente ao local para confirmar a viabilidade da construção pretendida naquele local, bem como obter a Análise Prévia no DLF/SMF para saber se a atividade que se pretende é viável naquele local.

3) Lote de Terreno
Passa a existir a partir de um PAL - Projeto de Alinhamento e Loteamento aprovado pela Prefeitura, ou parcelamento de uma Maior porção em Glebas através de topografia e georeferenciamento com Memorial Descritivo.
Conforme o caso detalham: Quadras, Lotes, Ruas Projetadas e vias de acesso, escoamento pluvial e posteamento, medidas de frente, fundos e laterais lote por lote e edificações existentes com respectivos recuos, praças e áreas de recreação ou unidade assistencial se houver.
Os Lotes de Terreno nos extremos das Quadras têm uma vez e meia a medida dos Lotes da parte interior da mesma Quadra.
Os lotes de Terreno em formato irregular precisam detalhar cada segmento e raio de curvatura se houver.
Os Lotes de Terreno originados a partir de Loteamentos Clandestinos e Irregulares recebem tratamento diferenciado:
H.1) Se a municipalidade dispuser de um Órgão específico para abordar este assunto fundiário, ele será tratado administrativamente, mediante todo um processo de cadastramento, levantamento de áreas ocupadas, benfeitorias existentes e tudo mais com vistas a regularização da ocupação do solo urbano.
H.2) Se for Área de Especial Interesse Social será efetuado o PAL do local, o Processo de Legalização até o Habite-se das Edificações existentes para posterior averbação no competente RGI.
Por outra vertente, se não houver solução administrativa,

não resta senão a via Judicial pára dirimir a questão por intermédio da Ação de Usucapião:

a) Se o Lote de Terreno tiver menos de 250 metros ocupado mansa e pacificamente por 05(cinco)anos ininterruptos sem oposição ou turbação,com animus domini e posse ad usucapione , não sendo possuidor de outro imóvel rural ou urbano (naquela Comarca) poderá buscar Usucapião Urbano na forma do art.1240 do CCB.

b) Se o Lote de Terreno tiver mais de 250 metros, porém existir Justo Título e boa fé para ocupação por 10(dez)anos nas mesmas condições acima referidas, poderá buscar Usucapião Especial na forma do art.1242 do CCB.

c) Se o Lote de Terreno tiver mais de 250 metros, porém não existir Justo Título para sua ocupação, entretanto esta ocupação totaliza 15(quinze)anos nas mesmas condições acima referidas, poderá buscar Usucapião Extraordinário na forma do art.1238 do CCB, sendo que este período de ocupação poderá ser reduzido para 10(anos) se comprovado moradia habitual, atividade laborativa ou serviços de caráter produtivo.

Observando-se que a Posse pode ser:

d) Herdada de pai para filho através da sucessão na forma do art. 1784 do CCB.

e) Continuada de pai para filho ou terceiro interessado por intermédio da Composse Pró Diviso na forma do art. 246 do CPC/2015.

f) Somado o período da posse anterior ao da posse atual por intermédio da Cessão dos Direitos de Posse.

Para se instrumentalizar a Ação de Usucapião é necessário apresentar Planta de Situação com assinatura comprovando Anuência dos confrontantes e/ou confinantes; quando ocorrer Topografia com georeferenciamento anexar Memorial Descritivo, Certidão RGI do imóvel usucapiendo, confrontantes e confinantes (em caso de nada constar no período de competência para registro daquele RGI, confirmar períodos anteriores de competências de outros RGI(s), Certidões pessoais dos Cartórios de Distribuição, Escritura Declaratória de Posse, Cessão de Posse ou Ata Notarial da Posse, Certidão de Quitação do IPTU ou ITR, comprovantes de taxas como Luz e Água, e tudo mais que demonstre ter ocorrido a prescrição aquisitiva do possuidor anterior, não incidência de terceiro interessado e nem oposição, e o uso social da terra na forma do art. 5º,XXIII da CRFB88, para que ao final do Processo o Juiz determine a Transcrição ou Matricula do imóvel em nome di requrente perante o competente RGI.

4) Prédios
Podem ser residenciais, comerciais, mistos, industriais e assistenciais.
Existe Licença de Obra para Obra Concluída, A Concluir, A Ser Iniciada.
Licença para Construção e para Modificação com ou sem Acréscimo.
Licença para transformação de Uso.
Licença para Remembramento e Desmembramento. Em se tratando de Prédio é apenas Desdobramento.
Licença para Parcelamento da Maior Porção, a exemplo do art. 46 do Regulamento de Zoneamento do Município do RJ.
Mesmo que uma obra tenha sido executada sem ter sido previamente requerida a Licença, oportunamente é possível executar o Projeto e requere legalização da obra. Todos estes Pedidos estão disponíveis para o Titular de Direito, ou seja, aquele que tem o domínio do bem por estar registrado em seu nome perante o competente RGI, geram um Processo administrativo no DLF/SMU ou Setor de Obras equivalente, para posterior inclusão predial no DLF/SMF ou Fazenda Municipal, esclarecendo que mesmo

Benfeitoria em terreno de Posse, com mais de 100 metros, sem a devida Licença de Obras, também passa pela Inclusão Predial para pagamento do ISS da obra. Concretizado a legalização pelo Aceite e Obra e emissão do Habite-se é então efetuado o registro no competente RGI.

ONDE LEGALIZAR SEU IMÓVEL NO MUNICÍPIO RIO DE JANEIRO

Relação dos Distritos de Licenciamento e Fiscalização da Secretaria Municipal de Urbanismo, por Região Administrativa:

1- DLF/SMU CENTRO
Sede da Prefeitura da Cidade do Rio de Janeiro, Rua Afonso Cavalcanti nº 455/10º andar, Cidade Nova RJ
Tel. (21) 2224-7414, 2224-7546
Atende imóveis da Iª RA – Portuária – IIª RA – Centro, IIIª RA – Rio Comprido, VIIª – São Cristóvão, XXIª RA – Ilha de Paquetá – XXIIIª RA – Santa Tereza.

2- DLF/SMU BOTAFOGO
Rua Pinheiro Machado, nº 30 – Laranjeiras
Tel. (21) 2552-9019, 3399-7106, 2551-1805
Atende imóveis da IVª RA – Botafogo, Vª RA – Copacabana

3- DLF/SMU TIJUCA
Rua Almirante Cochrane, nº 11 – São Francisco Xavier
Tel. (21) 2254-0988, 3872-8638
Atende imóveis da VIIª RA – Tijuca, IXª RA – Vila Isabel

4- DLF/SMU MÉIER
Rua Jurunas, nº 219 – Méier
Tel. (21) 2591-1638, 3273-1871, 3979-3833
Atende imóveis da XIIIª RA – Méier, XXVIIIª – Jacarezinho.

5- DLF/SMU ILHA
Av. Paranapuan, nº 941 – Ilha
Tel (21) 3975-8697 e 3975-5124
Atende imóveis da XXª RA – Ilha do Governador.

6- DLF/SMU RAMOS
Rua Lucena, nº210 – Olaria J
Tel. (21) 3882-2682 e 3867-8667
Atende imóveis da Xª RA – Ramos, XIIª RA – Inhaúma,
XXIX RAª, XXXª RA, XIª RA – Penha.

7- DLF/SMU IRAJÁ
Av. Monsenhor Félix, nº 512 – Irajá
Tel. (21) 3547-4366, 3457-6656
Atende imóveis da XIVª RA – Irajá,
XXIIª RA – Anchieta, XXVª RA – Pavuna.

8- DLF/SMU MADUREIRA
Rua Carvalho de Souza, nº 274 – Madureira
Tel. (21) 3833-2065, 3833-7175
Atende imóveis da XVª RA – Madureira.

9- DLF/SMU BANGU
Rua Silva Cardoso, nº 394 – Bangu
Tel. (21) 3338-9200, 3331-0802, 3468-3273
Atende imóveis da XVIIª RA – Bangu

10- DLF/SMU SANTA CRUZ
Rua Álvaro Alberto Luiz, nº 665 – Santa Cruz

Tel. (21) 3365-2833, 3395-5774
Atende imóveis da XIX RAª – Santa Cruz

11- DLF/SMU CAMPO GRANDE

Rua Porto Amazonas, nº 17 – Campo Grande
Tel. (21) 2412-6925, 3155-9342
Atende imóveis da XVIIIª RA – Campo Grande,
XXVIª RA – Guaratiba.

12- DLF/SMU JACAREPAGUÁ

Estrada do Tindiba, nº 1499 – Jacarepaguá
Tel. (21) 3392-0229, 3327-8010
Atende imóveis da XVIª RA – Jacarepaguá.

13- DLF/SMU BARRA/RECREIO

Avenida Ayrton Senna, nº 2001 – Barra
Tel. (21) 3325-0735, 3325-9416
Atendei imóveis da XXIVª RA – Barra da Tijuca.

14- DLF/SMU LAGOA

Avenida Bartolomeu Mitre, nº 1297 – Jóquei
Tel. (21) 3114-5493, 2239-8941
Atende imóveis da VIª – Leblon.

OBSERVAÇÃO: Estes endereços correspondem às últimas anotações que dispomos e podem ter sofrido alterações. Procure confirmar antes de se dirigir a um destes postos de atendimento.
Informações atualizadas podem ser obtidas através da Prefeitura pelo tel. (21) 1746.

ONDE REGISTRAR SEU IMÓVEL NO MUNICÍPIO DO RIO DE JANEIRO

Quais os Serviços Registrais de Imóveis, de acordo com localização pelo diferentes bairros deste Município, que são competentes para registrar Instrumentos Públicos de Transmissão de Domínio (Escritura de Compra e Venda, Promessa, Cessão, Compra/ Venda e Cessões, Nua Propriedade e Instituição de Usufruto, Renúncia de Usufruto, Divórcio e Partilha de Bens, Inventário com Partilha de Bens ou Adjudicação, Permuta, Dação em Pagamento, Convenção de Condomínio, Declaratória, Reratificação e Aditamento, etc) Memoriais de Incorporação, Averbação de Parcelamento do Solo ou de Contrução de Edificações, aprovados pela Prefeitura, Gravames de Incomunicabilidade, Inalienabilidade, Impenhorabilidade, Bem de Família, Penhoras, Indisponibilidade, Sentenças Judiciais. Enfim, todo e qualquer instrumento hábil a versar sobre Direito pertinente a determinado Imóvel.

1- 1º Ofício – Méier
Rua Arquias Cordeiro, nº 486 – Méier
Tel. (21) 2501-2887, 2501-4528
Atende imóveis situados no Méier, Engenho Novo, Todos os Santos, Jacaré, Jacarezinho, Maria da Graça, Lins, Cachambi, e um trecho da Avenida Suburbana.

2- 2º Ofício – Centro
Avenida Nilo Peçanha, nº 26/5º andar – Centro
Tel. (21) 2533-9654, 2533-9655
Atende imóveis situados na Gávea, Leblon, São Conrado, Centro (Santo Antônio).

3- 3º Ofício – Centro
Avenida Presidente Antonio Carlos, nº 607/802 – Centro
Tel. (21) 2533-9620
Atende imóveis situados na Lagoa, Paquetá, São Cristóvão.

4- 4º Ofício – Santa Cruz
Rua do Prado, nº 41 Lj. 101 Fundos – Santa Cruz
Tel. (21) 3401-7252
Atende imóveis situados em Santa Cruz, Bangu, Realengo,
Padre Miguel, Senador Camará, Santíssimo, Magalhães
Bastos, Anchieta, Deodoro e Marechal Hermes.

5- 5º Ofício – Centro
Rua Rodrigo Silva, nº 8/8º andar – Centro
Tel. (21) 2262-4212
Atende imóveis situados no Leme, Copacabana, Ipanema.

6- 6º Ofício – Centro
Avenida Rio Branco nº 39/7º andar – Centro
Tel. (21) 2223-0481, 2223-1825
Atende imóveis situados no Engenho de Dentro,
Encantado, Piedade, Quintino, parte de Cascadura,
Higienópolis, Bonsucesso, Ramos, parte de Olaria, Engenho
da Rainha, Tomás Coelho, Água Santa, Cavalcanti, Pilares,
Abolição, Inhaúma, Terra Nova.

7- 7º Ofício – Centro
Rua Sete de Setembro, nº 32 – Centro
Tel. (21) 2252-5051, 2232-7187

Atende os imóveis situados na Praça Onze, parte de Santa Tereza, parte do Catumbi, Rio Comprido, Estácio, Largo da Lapa, início da Rua Haddock Lobo.

8- 8º Ofício – Centro
Rua da Alfândega, nº 91/3º andar – Centro
Tel. (21) 2224-7723
Atende os imóveis situados em Ramos, Penha, Madureira, Oswaldo Cruz, Colégio, Pavuna, Praça do Carmo, Vila Kosmos, Irajá, Coelho Neto, Turiaçu, Vaz Lobo, Vista Alegre, Jardim América, Brás de Pina, Vila da Penha, Cordovil, Guardalupe e Acari.

9- 9º Ofício – Centro
Avenida Nilo Peçanha, nº 12/6º andar – Centro
Tel. (21) 2533-9645, 2533-9647
Atende os imóveis situados na Barra da Tijuca, Jacarepaguá, Flamengo, Laranjeiras e Recreio dos Bandeirantes.

10- 10º Ofício – Centro
Travessa do Paço, nº 23/11º andar – Centro
Tel. (21) 2533-8177, 2533-8763
Atende imóveis situados na Tijuca, Vila Isabel, Andaraí e Grajaú.

11- 11º Ofício – Centro
Avenida Presidente Vargas, nº 542/10º andar – Centro
Tel. (21) 2263-2370, 2263-6447
Atende imóveis situados na Tijuca (da Muda até Rua Barão de Mesquita) e Ilha do Governador.

12- 12º Ofício – Campo Grande
Avenida Maria Tereza, nº 260 – Campo Grande
Tel. (21) 3217-2030
Atende imóveis situados em Campo Grande

OBSERVAÇÕES: Estes endereços correspondem às últimas anotações que dispomos e podem ter sofrido alterações. Procure confirmar antes de se dirigir a um destes postos de atendimento.
Informações atualizadas podem ser obtidas através da Corregedoria no Forum da Comarca da Capital RJ tel. (21) 3133-2000.

1º SERVIÇO REGISTRAL DE IMÓVEIS

LISTA DO PERÍODO DE JURISDIÇÃO DOS CARTÓRIOS DE REGISTRO DE IMÓVEIS

PERÍODO DE JURISDIÇÃO DAS FREGUESIAS	23-07-1865 04-03-1890	05-03-1890 22-03-1904	22-03-1904 16-08-1917	16-08-1917 23-05-1921	23-05-1921 31-12-1926	31-12-1926 16-01-1931	16-01-1931 25-09-1931	25-09-1931 09-06-1937	09-06-1937 26-07-1937	26-07-1937 29-07-1937	29-07-1937 13-12-1937	13-12-1937 22-05-1941	22-05-1941 14-06-1941	14-06-1941 03-06-1946	03-06-1946 em diante
FREGUESIAS	CARTÓRIOS DE REGISTRO DE IMÓVEIS														
ANCHIETA	1º	1º	1º 3º	4º	4º	4º	6º	6º	4º	4º	4º	4º	4º	4º	4º
ANDARAÍ	1º	1º	1º	3º	3º	5º	5º	5º	5º	5º	5º	5º	5º	10º	10º
C. GRANDE	1º	1º	1º	4º	4º	4º	4º	4º	4º	4º	4º	4º	4º	4º	4º
CANDELÁRIA	1º	1º 2º	1º 2º	1º	1º	1º	1º	7º	7º	7º	7º	7º	7º	7º	7º
COPACABANA	1º	2º	2º	2º	2º	5º	5º	5º	5º	5º	5º	5º	5º	5º	5º
ENG. NOVO	1º	1º	1º 3º	3º	1º	1º	1º	1º	1º	1º	1º	1º	1º	1º	1º
ENG. VELHO	1º	1º 2º	1º 2º 3º	3º	3º	3º	3º	7º	7º	7º	7º	7º	11º	11º	11º
ESP. SANTO	1º	1º 2º	1º 2º	1º	1º	1º	1º	1º	1º	1º	1º	1º	1º	1º	7º
GAMBOA	1º	1º	1º 3º	1º	1º	2º	2º	2º	2º	2º	2º	2º	2º	2º	2º
GÁVEA	1º	2º	2º	2º	2º	2º	2º	2º	2º	2º	2º	2º	2º	2º	2º
GLÓRIA	1º	2º	2º	2º	2º	2º	5º	5º	5º	5º	9º	9º	9º	9º	9º
ILHA GOVER.	1º	1º	3º	2º	2º	5º	5º	7º	7º	7º	7º	7º	11º	11º	11º
GUARATIBA	1º	1º	1º	4º	4º	4º	4º	4º	4º	4º	9º	9º	9º	9º	9º

1º SERVIÇO REGISTRAL DE IMÓVEIS

LISTA DO PERÍODO DE JURISDIÇÃO DOS CARTÓRIOS DE REGISTRO DE IMÓVEIS

PERÍODO DE JURISDIÇÃO DAS FREGUESIAS	23-07-1865 04-03-1890	05-03-1890 22-03-1904	22-03-1904 16-08-1917	16-08-1917 23-05-1921	23-05-1921 31-12-1926	31-12-1926 16-01-1931	16-01-1931 25-09-1931	25-09-1931 09-06-1937	09-06-1937 26-07-1937	26-07-1937 29-07-1937	29-07-1937 13-12-1937	13-12-1937 22-05-1941	22-05-1941 14-06-1941	14-06-1941 03-06-1946	03-06-1946 em diante
FREGUESIAS	CARTÓRIOS DE REGISTRO DE IMÓVEIS														
INHAÚMA	1º	1º	1º 3º	4º	4º	4º	6º	6º	6º	6º	6º	6º	6º	6º	6º
IRAJÁ	1º	1º	1º 3º	4º	4º	4º	6º	6º	6º	8º	8º	8º	8º	8º	8º
JACARÉPAGUA	1º	1º 2º	1º 2º	3º	3º	5º	5º	5º	5º	5º	9º	9º	9º	9º	9º
LAGOA	1º	2º	2º	2º	2º	3º	3º	3º	3º	3º	3º	3º	3º	3º	3º
PAQUETÁ	1º	1º	3º	1º	3º	3º	3º	3º	3º	3º	3º	3º	3º	3º	3º
SACRAMENTO	1º	1º 2º	1º 2º	2º	2º	2º	2º	2º	2º	2º	2º	2º	2º	2º	2º
SANTANA	1º	1º 2º	1º 2º 3º	1º	1º	1º	1º	1º	1º	1º	9º	9º	9º	9º	9º
STA. CRUZ	1º	1º	1º	4º	4º	4º	4º	4º	4º	4º	4º	4º	4º	4º	4º
STA. RITA	1º	1º	1º	1º	1º	1º	1º	1º	4º	4º	4º	4º	4º	4º	4º
STº ANTONIO	1º	2º	2º	2º	2º	2º	2º	2º	2º	2º	2º	2º	2º	2º	2º
SÃO CRISTÓV.	1º	1º	3º	1º	3º	3º	3º	3º	3º	3º	3º	3º	3º	3º	3º
SÃO JOSÉ	1º	2º	2º	2º	2º	2º	2º	7º	7º	7º	7º	7º	7º	7º	7º

DOCUMENTOS NECESSÁRIOS PARA ABERTURA DE PROCESSOS

TIPO DE LICENÇA	DOCUMENTAÇÃO NECESSÁRIA
DEMOLIÇÃO	Requerimento Título de propriedade (RGI) Comprovante do pagamento do IPTU (ano anterior) / Cadastro CREA do profissional responsável (cópia)
INSTALAÇÃO COMERCIAL TRANSFORMAÇÃO DE USO	Requerimento Título de propriedade (RGI) ou contrato de locação Comprovante do pagamento do IPTU (ano anterior) / Cadastro CREA do profissional responsável e ART (cópia) Projeto completo em duas vias (dentro de pasta)
REFORMA DE FACHADA TOLDOS e BAMBINELAS	Requerimento Título de propriedade (RGI) ou contrato de locação Comprovante do pagamento do IPTU (ano anterior) / Cadastro CREA do profissional responsável e ART (cópia) Projeto completo em duas vias (dentro de pasta) 2 fotos coloridas 10x15 da fachada
STANDS e TAPUMES	Requerimento Licença da obra Projeto completo em duas vias (dentro de pasta) CREA do profissional responsável (cópia)
MURO FRONTAL FECHAMENTO DE GRADIL (SEM RECUO)	Requerimento Título de propriedade (RGI) Comprovante do pagamento do IPTU (ano anterior) / Cadastro CREA do autor do projeto e do profissional responsável (cópia) Planta cadastral com marcação do lote Autorização do condomínio (se for o caso)
FECHAMENTO DE GRADIL (COM RECUO)	Requerimento Título de propriedade (RGI) ou PAL e PPA CREA do autor do projeto (cópia) Planta cadastral com marcação do lote Autorização do condomínio (se for o caso) Autorização do condomínio (se for o caso) Projeto completo em duas vias (dentro da pasta)

DOCUMENTOS NECESSÁRIOS PARA ABERTURA DE PROCESSOS

TIPO DE LICENÇA	DOCUMENTAÇÃO NECESSÁRIA
RESIDÊNCIA UNIFAMILIAR	Requerimento Título de propriedade (RGI) ou PAL com as medidas do lote CREA do autor do projeto e do profissional resposável (cópia) Comprovante do pagamento do IPTU (ano anterior) / Cadastro DARM (inicial) Declaração do profissional responsável relativa a rios, canais e encostas Projeto completo em duas vias (dentro da pasta)
MODIFICAÇÃO COM ACRÉSCIMO	Requerimento Título de propriedade (RGI) ou PAL com as medidas do lote CREA do profissional resposável e ART (cópia) DARM (inicial) Projeto completo em duas vias (dentro de pasta) Comprovante de pagamento de IPTU (ano anterior)/ Cadastro
CONSTRUÇÃO DE PRÉDIOS GRUPAMENTOS SHOPPINGS	Requerimento Título de propriedade (RGI) ou PAL com as medidas do lote Planta cadastral com marcação do lote CREA do autor do projeto e do profissional resposável (cópia) Comprovante do pagamento do IPTU (ano anterior)/ Cadastro DARM (inicial) Declaração do profissional responsável relativa a rios, canais e encostas Projeto completo em duas vias (dentro da pasta)
DESMEMBRAMENTO REMEMBRAMENTO	Requerimento Título de propriedade (RGI) atualizado CREA do autor do projeto e do profissional resposável (cópia) Comprovante do pagamento do IPTU (ano anterior)/ Cadastro Projeto conforme Dec. nº 38/96 SMU (inicialmente 1 cópia, após mais 6 cópias)
DESDOBRAMENTO UNIFICAÇÃO DE SALAS	Requerimento Título de propriedade (RGI) ou PAL com as medidas do lote CREA do profissional resposável (cópia) Comprovante do pagamento do IPTU (ano anterior)/ Cadastro Projeto com planta baixa e corte em duas vias (dentro da pasta)
OBSERVAÇÕES	Quando se tratar de pessoa jurídica, juntar contrato social. Quando a representação for através de procuração, esta deverá ser com firma reconhecida Anexar certidão enfitêutica do imóvel.

LISTAGEM DE CARTÓRIOS DO MUNICÍPIO DO RIO DE JANEIRO

A cidade de **Rio de Janeiro - RJ** tem atualmente **83 cartórios** com situação ativa.

02º Registro Civil de Pessoas Naturais da Comarca da Capital

Rua do Prado Nº41 - Santa Cruz - 23555-012

Registro Civil das Pessoas Naturais

06º Registro Civil de Pessoas Naturais da Comarca da Capital

Av. Geremário Dantas, Nº 142 - Tanque - Jacarepaguá - 22735-015

Registro Civil das Pessoas Naturais

1 Oficio do Registro de Titulos e Documentos

Rua São José, 90 / 1808 - Centro - 20010-020

Registro de Títulos e Documentos e Civis das Pessoas Jurídicas

10ª Circunscrição do Registro Civil

Rua Carolina Méier, 31 - Méier - 20780-000

Registro Civil das Pessoas Naturais

10º Ofício de Registro de Imóveis

Travessa do Paço, 23, Sala 1103 - Centro - 20010-170

Registro de Imóveis

10º Serviço Notarial

Av. Nilo Peçanha, 26 - Centro - 20020-100

Notas

11ª Circunscrição do Registro Civil das Pessoas Naturais e Tabelionato

Av. Dom Hélder Câmara , Nº 6776 - Pilares - 20751-002

Registro Civil das Pessoas Naturais

11º Ofício de Notas

Rua Acre, 28 - Centro - 20081-000

Notas

11º Oficio do Registro de Imóveis

Av. Pres. Vargas, 542 - 10º Andar - Centro - 20071-000

Registro de Imóveis

12º Ofício de Notas

Rua do Rosário, 134 - Centro - 20041-002

Notas

12º Registro Civil de Pessoas Naturais da Comarca da Capital

Avenida das Américas, 3939, Bloco 1, Loja T. - Barra

da Tijuca - 22631-003

Registro Civil das Pessoas Naturais

12º Registro de Imóveis do Rio de Janeiro

Av. Maria Teresa 260 Loja F, Campo Grande - Campo
Grande - 23050-160

Registro de Imóveis

13O Ofício de Notas

Av. Rio Branco 135 Salas 312/319 - Centro - 20040-
006

Notas

13º Rcpn da Capital/rj

Av. Cesário de Melo, Nº 3600 - Campo Grande -
23050-102

Registro Civil das Pessoas Naturais

14º Oficio de Notas

Avenida Nossa Senhora de Copacabana, 895- Sobreloja
- Copacabana - 22060-001

Notas

14º Registro Civil das Pessoas Naturais e

Tabelionato

Rua Dagmar da Fonseca Nº118 - Madureira - 21351-
040

Registro Civil das Pessoas Naturais

15º Ofício de Notas da Comarca da Capital do Estado do Rio de Janeiro

Rua do Ouvidor, 89 - Centro - 20040-030

Notas

16 Oficio de Notas

Rua Visconde de Piraja 82, Sala 205 - Ipanema - 22410-000

Notas

17O.oficio de Notas da Comarca da Capital

Rua do Carmo,63 - Centro - 20011-020

Notas

18º Oficio de Notas

Avenida Presidente Vargas, 435 - Centro - 20071-003

Notas

19 Serviço Notarial

Av. das Americas 3939 Bloco 1 Loja N - Barra da Tijuca - 22631-003

Notas

1º Oficio de Notas da Capital

Rua da Quitanda 50 - Centro - 20011-030

Notas

1º Ofício do Rcpn do Rio de Janeiro

Praia da Olaria, Nº 155 Www.cartoriocandelaria.com.br
- Cocotá - 21910-295

**Registro Civil das Pessoas Naturais, Registro de
Interdições e Tutelas**

2 Ofício de Notas do Rio de Janeiro

Estrada dos Bandeirantes 209 - Taquara - 22710-570

Notas

2. Ofício do Registro de Imóveis

Avenida Nilo Peçanha, 26, 5O. Andar - Centro - 20020-
100

Registro de Imóveis

20º Ofício de Notas

Av. Almirante Barroso N.º02,sobreloja - Centro -
20031-000

Notas

21º Ofício de Notas

Rua Lucídio Lago, Nº 170 - Méier - 20780-020

Notas

22º Ofício de Notas

Rua Senador Dantas, 39 - Centro - 20031-202

Notas

**26º Ofício de Notas da Comarca da Capital do Rio
de Janeiro**

Av. das Américas, Nº 8.445 - Barra da Tijuca - 22793-081

Notas

27º Ofício de Notas da Comarca da Capital

Avenida Geremário Dantas, 1389 - Freguesia, Jacarepaguá - 22760-400

Notas

29º Ofício de Notas da Comarca da Capital

Estrada Benvindo de Novaes, Nº1825 - Recreio dos Bandeirantes - 22790-381

Notas

20 Ofício do Registro de Títulos e Documentos

Rua da Assembléia, 10 - Centro - 20011-000

Registro de Títulos e Documentos e Civis das Pessoas Jurídicas

30º Ofício de Notas da Comarca da Capital

Rua Dagmar da Fonseca, Nº 106-A - Madureira - 22113-355

Notas

31º Ofício de Notas da Comarca da Capital

Rua Francisco Real, Nº. 1647 - Bangu - 21810-041

Notas

32º Ofício de Notas da Comarca da Capital

Rua das Laranjeiras, 29 - Laranjeiras - 22240-000

Notas

33º Ofício de Notas da Comarca da Capital

Av. Cesario de Mello Nº 2855, Loja A - Campo Grande - 23052-101

Notas

34º Ofício de Notas da Comarca da Capital

Av. Dom Hélder Câmara 5474 - Norte Shopping - Loja 1301 - Cachambi - 20771-004

Notas

35º Ofício de Notas da Comarca da Capital

Estrada do Galeão, Nº 2315. - Ilha do Governador - 21931-385

Notas

36º Ofício de Notas da Comarca da Capital

Avenida Isabel, 905-A - Santa Cruz - 23550-063

Notas

3º Oficio de Registro de Imoveis

Av. Presidente Antonio Carlos 607 9º Andar - Centro - 20020-010

Registro de Imóveis

3º Oficio de Registro de Títulos e Documentos

Rua da Quitanda 52 - 3º Andar - Centrro - 20011-030

Registro de Títulos e Documentos

3º Registro Civil de Pessoas Naturais da Comarca da Capital - Rj

Av. Graça Aranha, Nº 416, Sala 601 - Centro - 20030-001

Registro Civil das Pessoas Naturais

4 Ofício do Registro de Distribuição

Rua do Carmo 8, 3 Andar - Centro - 20011-020

Registro de Distribuição

4O Ofício de Registro de Imóveis do Rio de Janeiro

Rua do Prado, 41, Loja 101 - Santa Cruz - 23555-012

Registro de Imóveis

4º Ofício de Notas do Rio de Janeiro

Avenida das Américas 16.401 - Barra da Tijuca - 22790-703

Notas

4º Registro de Titulos e Documentos da Comarca da Capital-Rj

Av. Rio Branco, 109, - Centro - 20040-004

Registro de Títulos e Documentos

5O Ofício de Registro de Títulos e Documentos do

Rio de Janeiro

Avenida Rio Branco, 109 Sala 202 - Centro - Rio de Janeiro - 20040-004

Registro de Títulos e Documentos

5º Ofício de Registro de Imóveis - Rj

Rua Rodrigo Silva Nº 8 - Sala 201,7º e 8º Andares - Centro - 20011-040

Registro de Imóveis

5º Ofício do Registro de Distribuição

Avenida Rio Branco, 131, 11 Andar - Centro - 20040-006

Registro de Distribuição

5º Registro Civil de Pessoas Naturais da Capital do Rio de Janeiro

Rua São João Batista, 28 - Botafogo - 22270-030

Registro Civil das Pessoas Naturais

7º Ofício de Registro de Distribuição

Rua da Assembléia, 10 - Centro - 20011-901

Registro de Distribuição

7º Registro Civil de Pessoas Naturais e Notas

Rua Joaquim Palhares Nº 267, Loja B - Cidade Nova - 20260-080

Notas, Registro Civil das Pessoas Naturais

8º Oficio de Notas

Rua da Assembléia 10 Sala 1016 - Centro - 20011-901

Notas

9º Oficio de Registro de Imoveis

Av Nilo Pecanha, 12 - Centro - 20020-100

Notas, Registro de Imóveis

Cartório 24º Oficio de Notas

Avenida Almirante Barros, 139- Loja C -Sobreloja 503 -
Centro - 20031-005

Notas

Cartorio 28º Oficio de Notas

Av Rio Branco, 156 - Centro - 20031-000

Notas

Cartório 5º Ofício de Notas da Capital

Rua Real Grandeza Nr 193 Loja 1 e 11 - Botafogo -
22281-031

Notas

Cartório 6º Ofício de Notas

Rua. Artur Bernardes,14 - Catete - 22220-070

Notas

Cartorio 8º Oficio de Registro de Imoveis

Rua da Alfandega, Nº 91- 3 e 4 Andares - Centro -

20070-003

Registro de Imóveis

Cartorio 9º Oficio de Notas

Largo de São Francisco de Paula, Nº42 Lojas B/c - Centro - 20051-070

Notas

Cartorio 9º Oficio do Registro de Distribuição

Avenida Nilo Peçanha 26 Grupo 601 - Centro - 20020-100

Registro de Distribuição

Cartório Catete

Rua Correia Dutra, 75-B - Flamengo - 22210-050

Registro Civil das Pessoas Naturais

Cartorio do 1º Oficio de Registro de Distribuição

Rua do Ouvidor 63 Sala 201 - Centro - 20040-030

Registro de Distribuição

Cartorio do 2º Oficio de Registro de Distribuição

Rua da Assembleia 19 - Centro - 20011-001

Registro de Distribuição

Cartório do 3º Ofício de Notas da Capital

Rua da Quitanda,65 - Centro - 20011-020

Notas

Cartorio do 8º Oficio do Registro de Distribuição do Rio de Janeiro

Rua da Assembleia Nº 10 - Centro - 20011-901

Registro de Distribuição

Cartório São Cristóvão

Rua São Cristóvão, 489 - São Cristóvão - 20940-001

Notas, Registro Civil das Pessoas Naturais

Ofício de Notas e Registro de Contratos Marítimos

Av. Embaixador Abelardo Bueno, N. 1 - Barra da Tijuca - 20081-000

Notas, Registro de Contratos Marítimos

Oitavo Registro Civil e Tabelionato da Comarca da Capital - Rj

Rua Dr. Pereira dos Santos, 25 - Tijuca - 20520-170

Notas, Registro Civil das Pessoas Naturais

Primeiro Serviço Registral de Imóveis - Capital - Rj.

Rua Arquias Cordeiro Nº 486 - Meier - 20770-000

Registro de Imóveis

Registro Civil de Pessoas Jurídicas

Rua Mexico 148 - Centro - 20030-020

Registro de Títulos e Documentos e Civis das Pessoas Jurídicas

Rio de Janeiro 7 Oficio de Notas da Capital

Rua Barão de Mesquita 206 - Tijuca - 20540-003

Notas

Rio de Janeiro Cartório do 2º Ofício do Registro de Interdições e Tutelas

Rua da Assembleia Nº 19 9º Andar - Centro - 20011-020

Registro de Interdições e Tutelas

Rio de Janeiro Cartorio do 6º Oficio de Registro de Titulos e Documentos

Rua do Carmo, Nº 57 - 3º Andar - Centro - 20011-020

Registro de Títulos e Documentos

Rj-Cartório do 7º Ofício de Registro de Imóveis

Rua Sete de Setembro, 32 - 3º Andar - Centro - 20050-009

Registro de Imóveis

Serviço do 25º Ofício de Notas da Capital

Rua São João Batista, 18 - Botafogo - 22270-030

Notas

Serviço Registral 6º Ofício do Registro de

Distribuição

Av. Rio Branco Nº 135 - Centro - 20040-006

Registro de Distribuição

Sexto Serviço Registral de Imoveis

Avenida Rio Branco Nº39/7Andar - Praça Mauá-Centro
- 20090-003

Registro de Imóveis

Tabelionato do 1º Ofício de Protesto de Títulos do Rio de Janeiro

Av. Erasmo Braga, 227 - Centro - 20020-000

Protesto de Títulos

Tabelionato do 2º Oficio de Protesto de Títulos da Capital-Rj

Rua do Carmo 9, 3º Andar - Centro - 20011-020

Protesto de Títulos

Tabelionato do 3º Oficio de Protesto de Titulos

Rua da Assembleia, Nº10 Sala 2104 - Centro - 20011-901

Protesto de Títulos

Tabelionato do 4º Oficio de Protesto de Titulos

Rua da Assembleia, 10 Salas 2114 A 2122 - Centro -
20011-001

Protesto de Títulos

Terceiro Ofício do Registro de Distribuição

Rua da Assembléia 58 - 12º Andar - Centro - 20011-000

Registro de Distribuição

SUGESTÃO PARA LEGALIZAÇÃO EM MASSA DE IMÓVEIS NO RIO DE JANEIRO

JUSTIFICATIVA DO PROJETO:

Desde a vinda da Família Real Portuguesa para o Rio de Janeiro, intensificou a ocupação irregular, parte em decorrência de doações de grandes latifúndios pelas Cartas de Donatárias, parte pela formação de Freguesias sem um critério definido nas edificações no entorno das Igrejas Católicas, na época meras Capelas dos Jesuítas espalhadas por diversos lugares.

Para tornar mais crítica a ocupação, a cultura portuguesa dispunha apenas de Cartórios de Notas, mas não de Registro geral de Imóveis, que era pertinente à cultura alemã e não à cultura italiana seguida pelos portugueses, já que seguiam a tradição do Direito Romano.
De forma que a transmissão de domínio ocorria pela lavratura de Escritura de Compra e Venda e permanecia restrito à esfera do Cartório e das famílias envolvidas, não ocorrendo publicidade do ato praticado, pois não havia onde registrar.

Com a abolição da escravatura, a mudança do modelo econômico de agrário para industrial, o declínio das fazendas e sua ocupação desordenada, tornou-se quase impraticável estabelecer regras para o assentamento populacional.

Com referencial nos apontamentos feitos pela Marinha do Brasil, pela Igreja Católica a partir das anotações dos Jesuítas acerca das Freguesias, a partir de 1865 tiveram início às primeiras Transcrições das Propriedades, que hoje está na esfera de competência registral do 1º Serviço

Registral de Imóveis, localizado no Méier. Entretanto, é necessário observar que este esforço registral é iuris tantum (até prova em contrário) e não iuris et iuris (indubitável) a exemplo do Direito Alemão.

A partir de 1937 com o Decreto-Lei nº 58/37 difundiu-se a prática registral como forma de dar publicidade ao ato de transmissão de domínio de determinado bem imóvel. Entretanto, mesmo que estivesse buscando uma regularização na ocupação do solo, permanecia o problema quanto ao parcelamento do solo urbano, que só foi plenamente instrumentalizado pela Constituição de 1988 com destaque no art. 30, VIII da CRFB88, que atribuiu ao Município promover o adequado ordenamento territorial mediante planejamento e controle do uso, do parcelamento e da ocupação do solo urbano.

E para isto foram criados mecanismos jurídicos específicos tais como o Plano Diretor, o Regulamento de Zoneamento, o Código de Obras e posturas municipais e uma série de institutos de Direito para adequar e viabilizar da melhor forma possível a ocupação do solo urbano.
A exemplo dos demais grandes centros urbanos, o Município do Rio de Janeiro possui forte densidade demográfica e nem sempre os Distritos de Licenciamento e Fiscalização conseguem atender à intensidade da demanda.

Objetivando uma forma de equacionar esta demanda apresentamos a seguinte sugestão:

Idealizado no modelo de veículo utilizado no programa Prefeitura presente, Judiciário presente, Saúde a domicílio, etc, sugerimos equipar um Ônibus dotado de sanitário masculino e feminino, ar condicionado com os seguintes dispositivos:

1)

Profissionais: Engenheiro Civil, Despachante Imobiliário
e Documentalista, Técnico em Edificações e Desenhista
Cadista, Topógrafo ou Agrimensor, TI, Assistente Social
e Advogado Imobiliário. Estes profissionais poderiam
ser estagiários, formandos em final de curso, com
exceção do profissional responsável pela assinatura dos
projetos destinados ao pedido de Legalização e/ou
Licença de obra e respectivo ART/CREA-RJ.

2)   Modo de
atendimento: Os profissionais envolvidos, segundo
cada especialidade, fariam uma triagem na
documentação e no caso apresentado pela parte
interessada, para discernir qual o efetivo objeto da
demanda, por exemplo:
5.1) Trata-se de Posse ou Propriedade, depende ou não
de uma Ação Judicial própria para regularização do
imóvel?
5.2) Qual a modalidade do título apresentado: trata-se
de Compra e Venda, Promessa, Cessão, Nua ou Plena
Propriedade, Declaração de Posse, Direito Aquisitivo,
Permuta, Doação, Legado, Antecipação de Legítima,
etc, para saber se o interessado estaria pleiteando em
nome próprio, de terceiro ou espólio, por procuração,
teria ou não titularidade sobre o bem, seria caso de
benfeitoria ou plena propriedade?
5.3) Consoante cada especialidade o Profissional
competente, mediante agendamento, compareceria ao
local do imóvel para efetuar o levantamento
planimétrico ou topográfico conforme o caso e
execução das plantas pertinente. Exemplo: Planta de
Situação, Baixa, Cortes, Fachada, Telhado, Exaustão

Mecânica se houver, etc, sempre com respectivo
ART/CREA-RJ
5.4) Por sua vez caberia ao Despachante devidamente
constituído por procuração da parte interessada,
providenciar os documentos que instrumentalizam o
processo administrativo, tais como: DARM inicial, cópia
da documentação das partes, do imóvel e profissional
responsável, PAA ou PAL se houver, Cadastral, Certidão
de ônus reais, quitação fiscal, CI de informações do
local, e demais que se fizerem necessário ao Processo
de legalização e/ou licença de obras para posterior
Inclusão Predial, Habite-se e averbação da Obra ou do
Parcelamento de Terras

2)

Equipamentos: Computador de última geração, dotado
de ferramentas próprias para desenhos de engenharia
a exemplo do Cad e internet full time. Impressora e
Plotadora de última geração.

3)

Biblioteca: Constituição, Código e Processo Civil,
Código de Obras e Literatura municipal sobre bairros.
Por ser um projeto inovador, sugerimos adotar Ônibus
com motor elétrico em lugar de motor de combustão
interna, com bateria de grafeno que pode alcançar até
1000km de autonomia e recarga a 100% em até 8
(outo) minutos, adaptado para recarga com painel
solar fotovoltaico (vide nosso site
ecoconsultores.com.br).
Além de custo zero para recarga de combustível, seria
modelo experimental para futura substituição de frota
de ônibus de transporte coletivo urbano, que no
presente utilizam motores de combustão interna, o que
daria um salto de qualidade de vida em termos de

saúde pública e tornaria a cidade do Rio de Janeiro uma das primeiras a reduzir significativamente a emissão de CO2, um dos principais motivos para o aumento do aquecimento global, sem qualquer tipo de apelo ecológico, mas todos nós temos conhecimento das consequências sobre a vida de todos os seres deste planeta.

4)   Modo de Operação: Este Serviço conectado on line com as Gerências e Distritos de Licenciamento e Fiscalização, Setor de Termos, Setor Cadastral e Aerofotogramétrico, Setor PAA/PAL, Setor de Arquivo de Projetos de Legalização e/ou Licença de Obras, Setor de Inclusão Predial e IPTU, Setor de Vistoria e de Patrimônio, GeoRio; a cada mês estaria estacionado em uma praça previamente divulgado pelos veículos de comunicação, em cada Região Administrativa previamente determinado para atender a população local.
perante o competente RGI
Para consecução deste Projeto caberia ao Município criar uma Coordenação específica para este programa e disponibilizar recursos conforme a dimensão que pretendesse alcançar.

Em contrapartida a curto prazo a municipalidade alcançaria o maior número de imóveis legalizados, superior às administrações anteriores, e aumentaria sem precedentes a arrecadação de IPTU, ISS, ITBI que são sustentáculos da economia municipal.
Além do que, Comunidades carentes que hoje não dispõem de recursos para legalizarem os famosos puxadinhos e o grande número de obras irregulares, teriam oportunidade de estar inseridos no contexto social, receberem todos os benefícios de infraestrutura,

somente viáveis a partir de maior arrecadação e
provisão de recursos para tal investimento.

Toda população carioca e visitante busca isto com
ansiedade, porque não basta a natureza ter privilegiado
o Rio de Janeiro com tamanha beleza, mas urge a
necessidade de inserir todos num processo de
legalidade e minimizar as diferenças entre os grandes
centros e a periferia. E por menor que possa ter sido
esta contribuição é um movimento positivo no sentido
de alcançar um bem coletivo.

Autor: NELSON ROBERTO FERREIRA
Perito Judicial Grafotécnico e Imobiliário
Bacharel em Direito e Técnico Industrial
Ex-Técnico de Pesquisa do LEM/DEC PUC RJ -
Laboratório de materiais de construção do Depto.
de Engenharia Civil da PUC RJ
Consultor em eficiência energética e Sócio-
Diretor da Ecossustentabilidade Consultoria Ltda

Contatos:
Rua Montevideo, 1140 Penha – RJ
CEP 21021-272 Tel (21) 3888-1515 (21)
998314677
Email: nelsonperitojudicial@gmail.com
Site: www.ecoconsultores.com.br
Site: www.vocenocomando.eco.br
Face: nelson.ferreira@ecoconsultores.com.br

Oferecemos: Treinamento presencial e a distância, Aulas particulares ou turmas, Vídeo Conferência, Assessoria, Suporte para Despachantoria, Análise Documental e Parecer, Apoio didático. Nos disponibilizamos para atendimento no